THE
MULTIPLICATION
WIPE-OFF
BOOK

SCHOLASTIC INC.
New York Toronto London Auckland Sydney

HOW TO USE THIS BOOK

1. Look at the multiplication tables on the opposite page.
2. Say each fact and its answer to yourself.
3. After you have studied each fact, fold the flap on the back cover over the answers.
4. Write the answers to each fact in the boxes **with a grease pencil or an erasable felt-tip pen.**
5. Check your answers. How did you do?
6. If all your answers are correct, erase them with a damp cloth and go on to the next page.
7. If you missed some answers, try the same page over again.

ISBN 0-590-42009-7

Copyright © 1980 by Nancy Salloway. All rights reserved. Published by Scholastic Inc., 730 Broadway, New York, NY 10003, by arrangement with Hartley House, Inc.

Printed in the U.S.A.

First Scholastic printing, August 1987

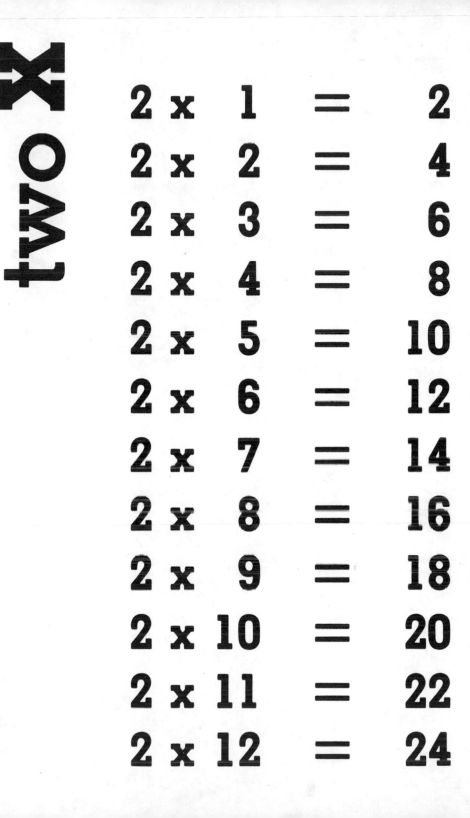

x two

$$2 \times 1 = 2$$
$$2 \times 2 = 4$$
$$2 \times 3 = 6$$
$$2 \times 4 = 8$$
$$2 \times 5 = 10$$
$$2 \times 6 = 12$$
$$2 \times 7 = 14$$
$$2 \times 8 = 16$$
$$2 \times 9 = 18$$
$$2 \times 10 = 20$$
$$2 \times 11 = 22$$
$$2 \times 12 = 24$$

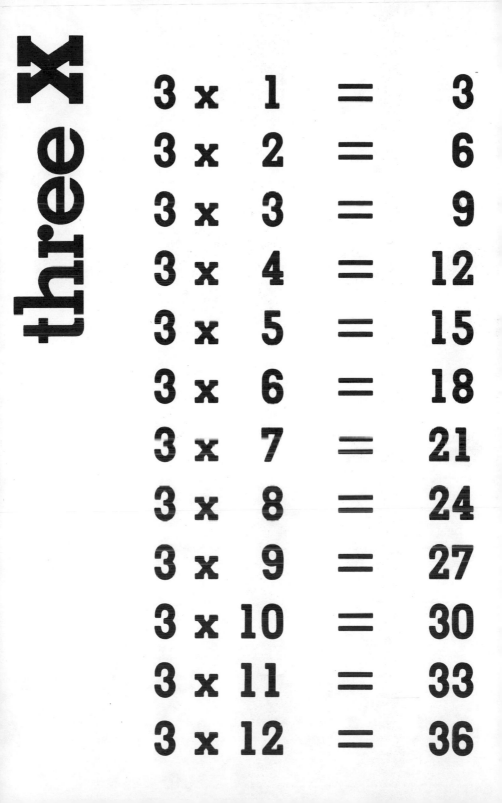

three X

3	x	1	=	3
3	x	2	=	6
3	x	3	=	9
3	x	4	=	12
3	x	5	=	15
3	x	6	=	18
3	x	7	=	21
3	x	8	=	24
3	x	9	=	27
3	x	10	=	30
3	x	11	=	33
3	x	12	=	36

four X

4 x 1	=	4
4 x 2	=	8
4 x 3	=	12
4 x 4	=	16
4 x 5	=	20
4 x 6	=	24
4 x 7	=	28
4 x 8	=	32
4 x 9	=	36
4 x 10	=	40
4 x 11	=	44
4 x 12	=	48

five X

5	x	1	=	5
5	x	2	=	10
5	x	3	=	15
5	x	4	=	20
5	x	5	=	25
5	x	6	=	30
5	x	7	=	35
5	x	8	=	40
5	x	9	=	45
5	x	10	=	50
5	x	11	=	55
5	x	12	=	60

six X

6 x 1	=	6
6 x 2	=	12
6 x 3	=	18
6 x 4	=	24
6 x 5	=	30
6 x 6	=	36
6 x 7	=	42
6 x 8	=	48
6 x 9	=	54
6 x 10	=	60
6 x 11	=	66
6 x 12	=	72

seven X

7 x	1	=	7
7 x	2	=	14
7 x	3	=	21
7 x	4	=	28
7 x	5	=	35
7 x	6	=	42
7 x	7	=	49
7 x	8	=	56
7 x	9	=	63
7 x	10	=	70
7 x	11	=	77
7 x	12	=	84

eight X

8 x 1	=	8
8 x 2	=	16
8 x 3	=	24
8 x 4	=	32
8 x 5	=	40
8 x 6	=	48
8 x 7	=	56
8 x 8	=	64
8 x 9	=	72
8 x 10	=	80
8 x 11	=	88
8 x 12	=	96

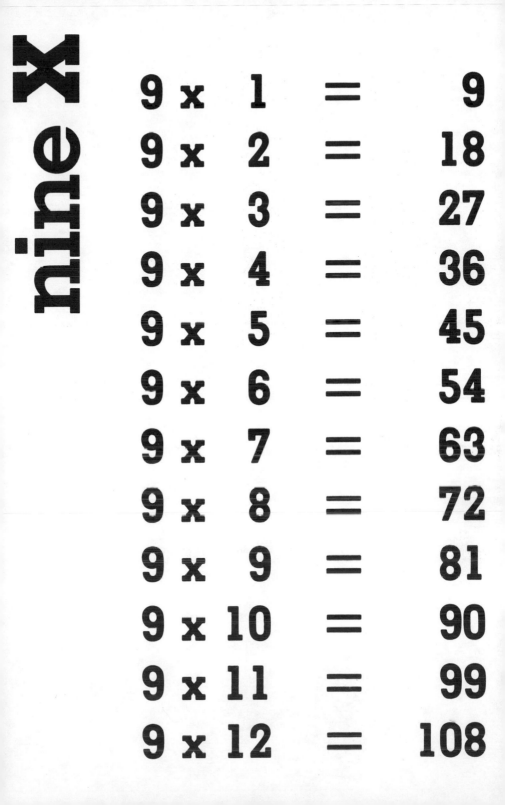

nine X

9 x	1	=		9
9 x	2	=		18
9 x	3	=		27
9 x	4	=		36
9 x	5	=		45
9 x	6	=		54
9 x	7	=		63
9 x	8	=		72
9 x	9	=		81
9 x	10	=		90
9 x	11	=		99
9 x	12	=		108

ten X

10 x 1 = 10

10 x 2 = 20

10 x 3 = 30

10 x 4 = 40

10 x 5 = 50

10 x 6 = 60

10 x 7 = 70

10 x 8 = 80

10 x 9 = 90

10 x 10 = 100

10 x 11 = 110

10 x 12 = 120

eleven X

11 x	1	=	11
11 x	2	=	22
11 x	3	=	33
11 x	4	=	44
11 x	5	=	55
11 x	6	=	66
11 x	7	=	77
11 x	8	=	88
11 x	9	=	99
11 x	10	=	110
11 x	11	=	121
11 x	12	=	132

twelve

$$12 \times 1 = 12$$
$$12 \times 2 = 24$$
$$12 \times 3 = 36$$
$$12 \times 4 = 48$$
$$12 \times 5 = 60$$
$$12 \times 6 = 72$$
$$12 \times 7 = 84$$
$$12 \times 8 = 96$$
$$12 \times 9 = 108$$
$$12 \times 10 = 120$$
$$12 \times 11 = 132$$
$$12 \times 12 = 144$$